Made in the USA
Monee, IL
17 January 2023

25471847R00057